W0464183

BIENVENUE DANS CE CHERCHE-ET-TROUVE OFFICIEL ONE PIECE !

PARCOURS LES PAGES ET TENTE DE RETROUVER LES PERSONNAGES
ET LES OBJETS INDIQUÉS SUR LES ILLUSTRATIONS.
POUR EN APPRENDRE PLUS SUR LES DIFFÉRENTS ARCS DE TON ANIME PRÉFÉRÉ,
PLONGE-TOI DANS LES PAGES QUI LEUR SONT CONSACRÉES !

N'HÉSITE PAS À CONSULTER LES SOLUTIONS À LA FIN DU LIVRE.

BONNE AVENTURE SUR LES MERS !

©Eiichiro Oda/Shueisha, Toei Animation

404 éditions
un département d'Edi8
92 avenue de France
75013 Paris
www.lisez.com/404-editions/24

Rédaction : Valérie Cluzel
Maquette : Tizieu

ISBN : 979-1-0324-0799-8
Dépôt légal : septembre 2023
Achevé d'imprimé en août 2023 par Pollina en France.47146.
Loi n° 49-956 du 16 juillet 1949 sur les publications destinées à la jeunesse, modifiée par la loi n° 2011-525 du 17 mai 2011.

ONE PIECE

LE CHERCHE ET TROUVE OFFICIEL !

À LA DÉCOUVERTE DE L'ÎL

DES HOMMES-POISSONS !

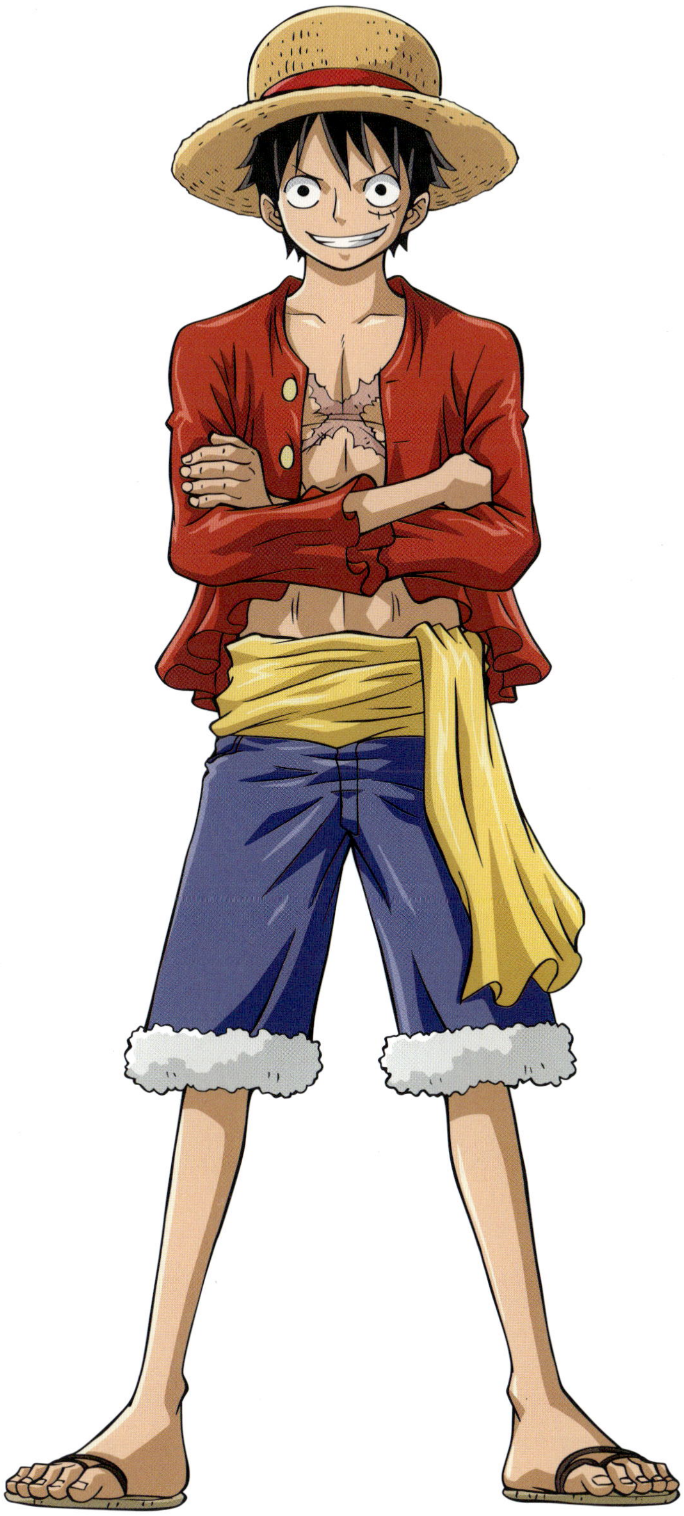

RÉSUMÉ DE L'ARC

Après avoir été séparés pendant deux ans, les membres de **l'équipage de Chapeau de paille** se retrouvent au complet, prêts à embarquer pour une nouvelle aventure. À l'aide de leur navire, le **Thousand Sunny**, ils font route vers **l'île des hommes-poissons**, située à 10 000 mètres au fond de la mer ! Mais une fois arrivés, l'accueil n'est pas au beau fixe et les héros se font attaquer par **le nouvel équipage des hommes-poissons.** À sa tête, on retrouve un homme requin blanc féroce, **le capitaine Hody Jones**. Celui-ci veut éradiquer tous ceux qui voudraient être amis avec les humains et ambitionne de prendre le contrôle du **royaume Ryugu** ! Pour venir en aide à la **princesse sirène Shirahoshi** et à son peuple, Luffy et ses amis vont devoir empêcher les plans d'Hody Jones et ses lieutenants et délivrer le royaume en ramenant la paix entre humains et hommes-poissons !

CE QUI T'ATTEND !

Pars à la découverte de cette île extraordinaire en compagnie de Luffy, Zoro, Nami, Usopp, Sanji, Chopper, Robin, Franky et Brook ! Fais la connaissance de plusieurs personnages emblématiques : **l'homme-requin-baleine Jinbe**, aussi connu sous le nom de « paladin des mers », **la princesse sirène Shirahoshi** et ses pouvoirs secrets ou encore **le roi Neptune** ! Découvre les mystères qui t'attendent au fond de l'océan avec l'histoire tragique des hommes-poissons, ainsi que celle du héros libérateur et ancien fondateur des Pirates du Soleil, **Fisher Tiger**. Et attention à ne pas tomber entre les griffes de **Caribou** ou de **Vander Decken IX**, des pirates prêts à tout pour accomplir leurs méfaits !

LA GALERIE DE PORTRAITS

Arrivé sur l'île des hommes-poissons, Luffy a fait beaucoup de nouvelles rencontres. Il s'est vite fait des amis, comme d'habitude, mais aussi des ennemis ! Parviendras-tu à le retrouver, ainsi que tous les membres de son équipage parmi ces portraits ?

Et ouvre l'œil, un crâne se cache sur cette page !

- ◇ LUFFY
- ◇ ZORO
- ◇ NAMI
- ◇ USOPP
- ◇ SANJI
- ◇ CHOPPER
- ◇ ROBIN
- ◇ FRANKY
- ◇ BROOK

LES SIRÈNES QUINTUPLÉES MÉDAKA

Ces petites sirènes sont des amies de Keimi, la sirène que l'équipage de Chapeau de paille avait déjà rencontrée avant de venir sur l'île des hommes-poissons. Elles sont débordantes de vie et il est difficile de les différencier !

Peux-tu compter combien de fois apparaît chaque sirène quintuplée ?

... ...

Sauras-tu retrouver Keimi et son compagnon et mentor étoile de mer Pappag ?

PUNK HAZARD, L'ÎL

RÉSUMÉ DE L'ARC

L'équipage de Chapeau de paille a enfin atteint la dernière mer, **le Nouveau Monde** ! Nos pirates préférés atterrissent sur **Punk Hazard**, qui était autrefois le site d'un centre de recherche du gouvernement et est désormais sous le contrôle du scientifique controversé **César Clown**. C'est dans ce lieu, entre terres de feu et de glace, que le pirate **Trafalgar Law**, Luffy et sa bande ainsi que la Marine se retrouvent, transformant l'île en zone de guerre ! Law, devenu l'un des sept **Grands Corsaires** affiliés au gouvernement mondial, propose une alliance à Luffy pour faire tomber l'un des **Quatre Empereurs** régnant sur le Nouveau Monde. La première étape du plan est la suivante : capturer César Clown et provoquer la colère de **Doflamingo**, un autre Grand Corsaire qui utilise les prouesses du scientifique à ses fins, notamment les smiles, les fruits du démon artificiels qu'il offre à l'un des Quatre Empereurs...

CE QUI T'ATTEND !

Découvre l'histoire de Punk Hazard, une île pas comme les autres où se sont affrontés deux amiraux de la Marine, **Aokiji** et **Akainu** ! Pars en quête d'aventure aux côtés de Luffy et ses acolytes, fais face à un dragon géant sur les terres de feu et à une horde de pièges sur les terres de glace ! Tu feras également la rencontre de **Kinémon**, un samouraï venant du pays de Wano, et de son fils **Momonosuké**, tous deux perdus sur cette île dangereuse. Plonge au cœur des expérimentations de César Clown et délivre **Mocha** et les autres enfants présents dans le laboratoire, devenus des cobayes pour les expériences sur la géantification réalisées par le scientifique. Enfin, prends garde au **fruit du bistouri**, le fruit du démon du capitaine de l'équipage du **Heart**, Trafalgar Law, qui le rend capable de modifier librement le corps humain.

DES OBJETS CACHÉS

L'équipage de Chapeau de paille a enfin atterri sur Punk Hazard ! L'île est sous le contrôle de César Clown, un scientifique qui travaille sur des expérimentations douteuses…

Vite, retrouve un maximum d'éléments sur cette image avant que Luffy et son équipage ne partent à la recherche de César !

- ◇ 8 PIÈCES D'OR
- ◇ UN PISTOLET
- ◇ DES JUMELLES
- ◇ UN COUTEAU

LE CAPITAINE DU HEART

Sur Punk Hazard, Luffy et son équipage forment une alliance avec Trafalgar Law, un pirate devenu Grand Corsaire. Ensemble, ils espèrent bien faire tomber l'un des Quatre Empereurs.

Sauras-tu trouver la seule image de Law différente des autres ?

L'ÉQUIPAGE DE CHAPEAU DE PA

E À L'ASSAUT DE DRESSROSA !

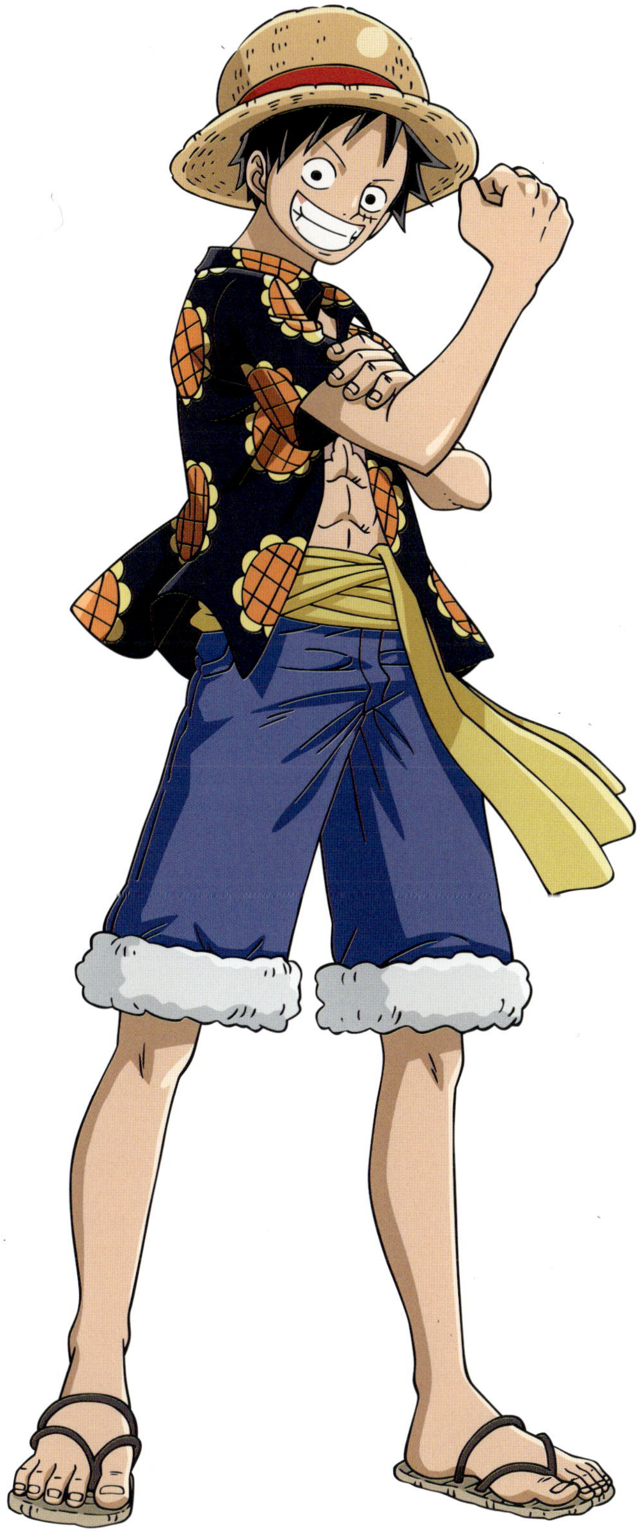

RÉSUMÉ DE L'ARC

Après avoir quitté Punk Hazard, Luffy et son équipage, accompagnés de Law, Momonosuké, Kinémon et César, font route vers **Dressrosa**. Trois groupes sont alors créés, assignés à différentes missions : le premier a pour objectif de trouver et de détruire l'usine de fabrication de smiles (dans le but d'affaiblir **Kaido**, l'un des Quatre Empereurs) ; le deuxième groupe doit escorter César ; le troisième est chargé de sécuriser le Thousand Sunny. Mais une fois sur place, rien ne se passe comme prévu ! Luffy se retrouve à participer au **tournoi du Corrida Colosseum** et apprend avec surprise que le prix revenant au vainqueur n'est ni plus ni moins que le fruit du démon qu'utilisait **son frère Ace**, le **Pyro-fruit** ! De son côté, Law, qui devait remettre César à Doflamingo – alias « **le Joker** » – tombe dans le piège tendu par ce dernier. Usopp et Robin font la rencontre d'un groupe de nains et se préparent pour la bataille contre Doflamingo et ses sbires...

CE QUI T'ATTEND !

Aide l'équipage de Chapeau de paille à venir à bout du Grand Corsaire dans cette aventure palpitante aux nombreuses intrigues ! Combats **Trébol**, **Sugar**, **Diamante**, **Pica** et toute la famille **Don Quijote** qui fait régner la terreur sur l'île. Découvre la terrible histoire de Dressrosa, et fais la connaissance de **Rebecca** et de **Kyros**, le gladiateur légendaire du Corrida Colosseum ! Pars à la rencontre de **Bartolomeo**, **Cavendish** et du royaume de **Tontatta**, les nouveaux alliés de Luffy qui vont former l'Armada de Chapeau de paille. Et bien sûr, apprends-en davantage sur l'Armée révolutionnaire et le rôle de **Sabo**, le frère de Luffy !

L'EXCITATION D'UNE NOUVELLE AVENTURE !

Trafalgar Law a bien insisté sur le fait que Luffy et son équipage devaient être discrets sur Dressrosa, mais c'est beaucoup demander à un phénomène comme Luffy !

Repère les six fois où Luffy apparaît dans cette galerie de portraits, et cherche les deux nains du royaume de Tontatta qui y sont aussi cachés.

LUFFY

◇ ◇ ◇ ◇ ◇ ◇

NAINS DU ROYAUME DE TONTATTA

◇ ◇

SOL

FAIRE PREUVE DE DISCRÉTION

À Dressrosa, Luffy et son équipage se déguisent pour ne pas être reconnus.
Un autre personnage de cette scène veut passer inaperçu.
Trouve vite de qui il s'agit !

Il est le seul à remplir toutes les conditions suivantes :

- ◇ Il porte un couvre-chef et une arme, mais pas de lunettes.
- ◇ Il a au moins un accessoire ou un vêtement bleu.
- ◇ Il n'est pas proche de Sanji dans la scène.

À L'AVENTURE CHEZ

ES MINKS SUR ZO

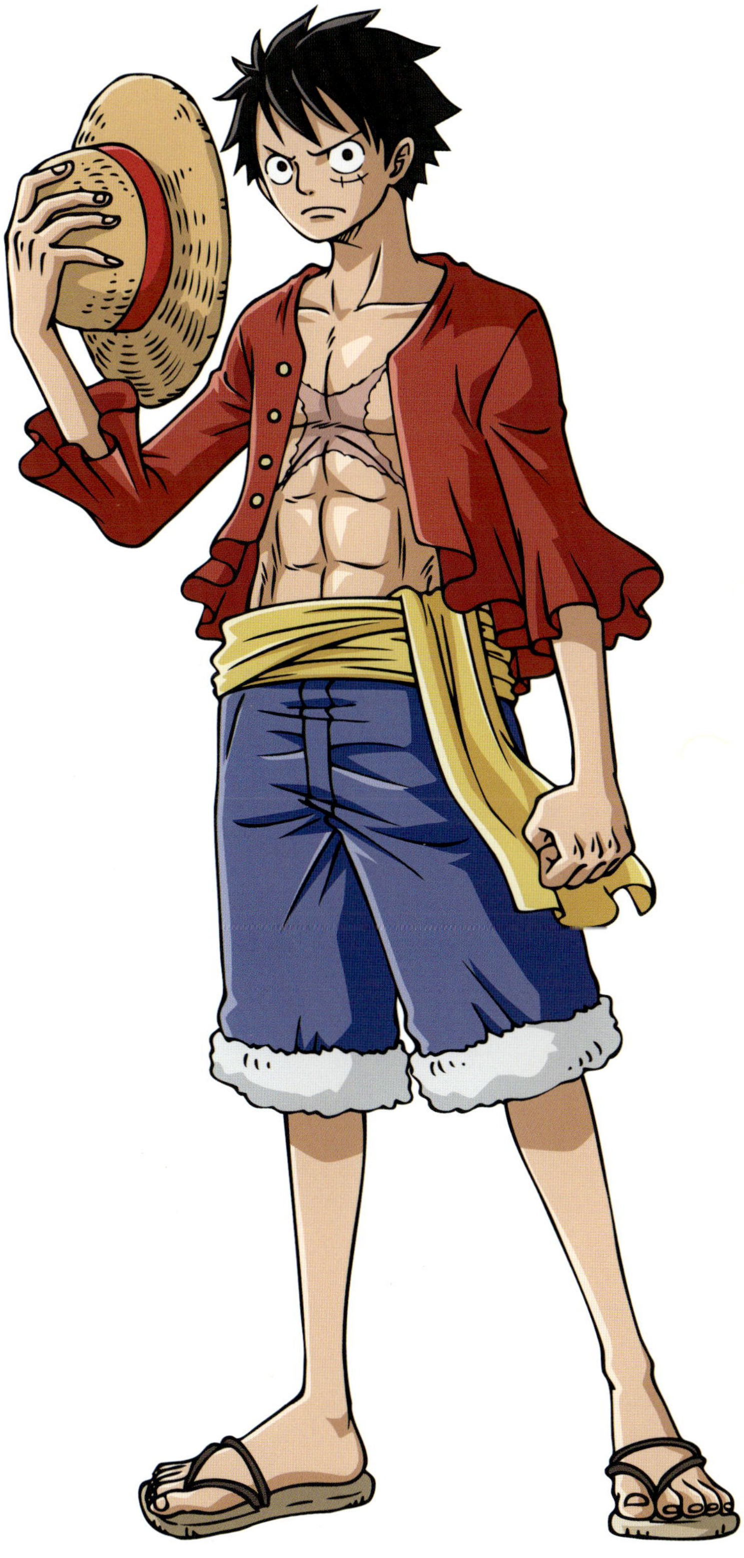

RÉSUMÉ DE L'ARC

Après avoir quitté Dressrosa, l'équipage de Chapeau de paille fait route vers la découverte de leur troisième île dans le Nouveau Monde, **Zo**. Celle-ci se trouve être perchée sur le dos d'un **éléphant géant** dont l'existence remonte, au minimum, à 1 000 ans ! Grâce à **Kanjuro**, un samouraï du pays de Wano secouru à Dressrosa, Luffy et ses amis font leurs premiers pas sur ce nouveau territoire. **La tribu des minks**, dont les membres ressemblent beaucoup à des animaux, accueille nos héros mais l'ambiance n'est pas au beau fixe : **la principauté de Mokomo**, au centre de l'île, a été attaquée quelques jours plus tôt par Jack, l'une des **Calamités** de l'Empereur Kaido. Celui-ci recherchait un ninja nommé **Raizo**, qui se trouve être un camarade de Kinémon et Kanjuro. Nami apprend alors à Luffy que Sanji, arrivé plus tôt sur Zo, a été enlevé par des pirates de **Big Mom**, l'un des Quatre Empereurs...

CE QUI T'ATTEND !

Découvre le lieu atypique où vivent les minks et fais la connaissance de **Wanda**, **Carrot** et tous les membres de la tribu, sans oublier **Zunesh** ! Admire la résilience de **Caborage** et **Chavipère**, qui ont enduré les pires douleurs face à Jack afin de préserver le secret de la présence de Raizo sur Zo. Enfermé dans l'arbre de la baleine qui domine la cité, le ninja sera l'une des clés de la grande alliance pour faire tomber Kaido. C'est également dans cet arbre que Luffy et ses amis feront la découverte d'un des quatre « **Ponéglyphes indicateurs** » qui, une fois rassemblés, indiquent la position de la dernière île de Grand Line, **Laugh Tale** !

corazón
corazón
corazón

LOIN DES AUTRES

Le peuple des minks se méfie des autres peuples.

C'est pourquoi il s'est installé sur le dos d'un éléphant géant, qui est sans cesse en mouvement, et qui ne peut pas être trouvé avec un log pose ! Ce qui explique que très peu de pirates s'y soient déjà rendus...

Parmi tous ces pavillons pirates, repère le seul qui n'est pas en couleur.

DE BELLES RENCONTRES

L'équipage de Chapeau de paille et les minks deviennent vite amis, et même alliés ! Devine logiquement l'identité d'un personnage de la scène en t'aidant des indications.

- Celui que tu cherches est de sexe masculin.
- Il y a au moins un peu de jaune sur ses vêtements.
- Il ne porte pas de couvre-chef.
- Il ne porte pas d'armes.
- Il n'a pas le poing levé.

MISSION PÉRILLEUSE POUR SA

ER SANJI SUR L'ÎLE TOUGATO !

RÉSUMÉ DE L'ARC

Luffy, accompagné de Nami, Chopper et Brook, mais aussi des minks Pekoms, Pedro et Carrot, se rend à **Totto Land.** Totto Land est contrôlé par l'un des Quatre Empereurs, Charlotte Linlin alias **Big Mom**. L'objectif de Luffy : **récupérer Sanji** et empêcher le mariage politique entre la **famille Vinsmoke** et la famille Charlotte, durant lequel Sanji sera le marié ! Dans cet univers peuplé de gâteaux et de confiseries en tous genres, la mission infiltration ne se passe pas vraiment comme prévu et le cuisinier de l'équipage est à deux doigts d'abandonner son rêve et ses amis ! Alors que de nombreux invités prestigieux se pressent pour **le goûter** de Big Mom, Luffy et ses amis vont devoir rivaliser d'ingéniosité pour faire capoter cette union et quitter l'île !

CE QUI T'ATTEND !

Aide Luffy à secourir Sanji des griffes de la terrible Big Mom et découvre le triste passé du cuisinier, élevé à la dure avec ses frères et sa sœur par le scientifique et roi du royaume de Germa, **Judge Vinsmoke** ! Fais la connaissance des **généraux sucrés** - les lieutenants de l'Empereur - à savoir Cracker, Smoothie mais surtout **Katakuri**, un adversaire redoutable à la prime très élevée contre lequel Luffy devra se battre de toutes ses forces et utiliser de nouvelles techniques. Qu'il s'agisse du pirate **Capone Bege** et son fruit du château, ou de Big Mom et son fruit des âmes (qui lui permet d'être accompagnée par ses « homies » dont Zeus, Prométhée et Napoléon), il y a sur l'**île Tougato** des utilisateurs expérimentés de fruits du démon hors du commun ! Plonge en immersion dans ce territoire gourmand en apparence mais particulièrement dangereux ! Luffy et son équipage parviendront-ils à s'en extirper ?

UN MARIAGE SUCRÉ

Les retrouvailles de Sanji et sa famille n'ont pas été des plus joyeuses, et pourtant tout le monde s'apprête à célébrer son mariage.

Luffy et son équipage comptent bien empêcher ça !
Retrouve tous les membres de la famille de Sanji, ainsi que les dix têtes de mort cachées dans la scène.

LE MONDE DES MIROIRS

Pour se déplacer dans le grand royaume de Big Mom, Brûlée utilise des miroirs.

Lorsque Luffy le comprend, il ne manque pas d'enfermer Brûlée dans un sac pour pouvoir se servir lui-même de son pouvoir !

Observe attentivement la scène et repère Chopper, Carrot et Nami, qui se cachent chacun derrière un miroir.

D'ailleurs, combien en vois-tu en forme de rond ou d'ovale ?

◇ CHOPPER ◇ CARROT ◇ NAMI

À L'ASSAUT DE KAIDO ET DE L'ÉQUIPA

DES CENT BÊTES AU PAYS DE WANO

RÉSUMÉ DE L'ARC

De nouveau au complet, l'équipage de Chapeau de paille débarque au **pays de Wano**, sous le joug de l'un des Quatre Empereurs, Kaido, ainsi que du tyrannique **shogun Orochi**. Autrefois prospère et harmonieuse, l'île n'est désormais plus que l'ombre d'elle-même : les **fabriques d'armes** créées par Kaido ont détruit les ressources naturelles et beaucoup d'habitants du village d'**Ebisu** n'ont presque rien à manger. N'ayant rien d'autre à se mettre sous la dent, ils souffrent des effets secondaires des smiles défectueux qu'ils ingèrent. Luffy et son équipage s'infiltrent dans la capitale des fleurs et, à l'aide de leurs alliés samouraïs, préparent un plan pour prendre d'assaut **Onigashima**, où se regroupe **l'équipage des Cent Bêtes**. Pour délivrer le pays de Wano, il va falloir faire tomber la créature la plus forte du monde mais aussi Big Mom, qui s'est alliée avec Kaido dans le but d'aller trouver le **One Piece**...

CE QUI T'ATTEND !

Rétablis l'harmonie avec nos pirates préférés dans ce combat titanesque qui les attend ! Aux côtés de Kinémon et des **fourreaux rouges** (ces samouraïs au service du clan Kozuki, qui régnait autrefois sur l'île), découvre l'histoire et la légende d'**Oden**. Cet ancien seigneur du pays de Wano est le père de Momonosuké et de sa sœur **Hiyori**, infiltrée au plus près du pouvoir pour faire tomber le shogun Orochi. Soutiens Zoro et Sanji dans leurs duels face aux Calamités de l'équipage des Cent Bêtes, King et Queen, mais aussi Nami, Usopp, Chopper, Robin, Franky, Brook et Jinbe, aux prises avec les puissants Tobi Roppo. Allie-toi à **Eustass Kidd** et Trafalgar Law pour faire tomber les Empereurs, et prouve que les pirates de la nouvelle génération sont des durs à cuire !

L'UN DES QUATRE EMPEREURS

Après de nombreuses péripéties, Kinémon et Momonosuké sont enfin de retour dans leur pays. Mais ils doivent encore vaincre Kaido s'ils veulent libérer le pays de Wano du joug d'Orochi !

Aide Momonosuké à sauver son royaume en repérant la seule image de Kaido différente des autres !

LES NEUF FOURREAUX ROUGES

La grande bataille a commencé !
Les valeureux samouraïs du clan Kozuki sont prêts à tout pour remporter la victoire, et l'équipage de Chapeau de paille compte bien les aider !

Retrouve Oden (le père de Momonosuké)
et les neuf fourreaux rouges dans cette galerie de portraits.

ODEN

LES NEUF FOURREAUX ROUGES

SOLUTIONS

LA GALERIE DE PORTRAITS

LES SIRÈNES QUINTUPLÉES MÉDAKA

DES OBJETS CACHÉS

SOLUTIONS

LE CAPITAINE DU HEART

L'EXCITATION D'UNE NOUVELLE AVENTURE !

FAIRE PREUVE DE DISCRÉTION

IL S'AGIT DE **TRAFALGAR LAW.**

- NAMI, ZORO, SANJI, IDEO, SAI, BARTOLOMEO ET VIOLA NE PORTENT PAS DE COUVRE-CHEF.
- LUFFY, USOPP, CHOPPER, ROBIN, FRANKY, BROOK, REBECCA, KOALA, WICKA, CAVENDISH ET HAJRUDIN NE PORTENT PAS D'ARMES.
- SABO ET LEO PORTENT DES LUNETTES.
- LE SOLDAT N'A PAS D'ACCESSOIRE NI DE VÊTEMENT BLEU.
- ORLUMBUS EST PROCHE DE SANJI DANS LA SCÈNE.

SOLUTIONS

LOIN DES AUTRES

DE BELLES RENCONTRES !

IL S'AGIT DE **FRANKY** !

- NAMI, ROBIN, CARROT ET WANDA NE SONT PAS DE SEXE MASCULIN.
- ZORO, SICILION, CABORAGE ET PEDRO N'ONT PAS DE JAUNE SUR LEURS VÊTEMENTS. SI TU AVAIS UN DOUTE (IL Y A DU JAUNE SUR LEURS ARMES), TU POUVAIS LES ÉLIMINER JUSTEMENT PARCE QU'ILS PORTENT DES ARMES.
- LUFFY, BROOK, LAW, USOPP ET CHOPPER PORTENT QUELQUE CHOSE SUR LA TÊTE.
- CHAVIPÈRE PORTE UNE ARME.
- BEPO A LE POING LEVÉ.

UN MARIAGE SUCRÉ

SOLUTIONS

LE MONDE DES MIROIRS

IL Y A 22 MIROIRS RONDS OU OVALES !

L'UN DES QUATRE EMPEREURS

LES NEUF FOURREAUX ROUGES